7 MEJORES CUENTOS
PERÚ

Tacet Books

7 MEJORES CUENTOS PERÚ

Editado por
August Nemo

Editor August Nemo
Diseño de cubierta y interior Mayra Falcini
Marketing Horacio Corral

Catalogación en la Publicación (CIP)

Nemo, August (org).
N436 7 mejores cuentos - Perú / August Nemo (org.)– São Paulo, SP: Tacet Books, 2021.
74 p. : 14 x 21 cm

ISBN 978-65-89575-31-3

1. Escritos diversos en español

CDD 868

Tacet Books
Hecho en silencio
Para mentes ruidosas

www.tacetbooks.com
tacet.books@gmail.com

Índice

Introducción

Durante el periodo precolonial de la literatura peruana, se observan tres bases en su formación: las letras amazónicas, aymaras y quechuas. De las tres, la más relevante y desarrollada era el quechua, ya que era la lengua principal del país y a través de ella se registraban las historias y tradiciones de los habitantes. En esa época se producían poemas de carácter religioso, con temas relacionados con los dioses indígenas y el distanciamiento entre los nativos y los españoles.

Durante el periodo colonial de la literatura peruana, se crearon obras con temas relacionados con la conquista del territorio. La lengua española aún no se había difundido y utilizado completamente en el país, por lo que se considera la segunda fase de la literatura quechua. Una de las principales características de las obras de la época era el nacionalismo. Entre sus exponentes se puede mencionar a Gómez Suárez de Figueroa, más conocido como el "príncipe de los escritores del Nuevo Mundo".

Entre las obras divulgadas por Gómez, consideradas como sellos de la literatura peruana, se encuentran los "Comentarios reales de los incas", de 1609, donde se encuentra material diverso como crónicas, leyendas, tradiciones y relaciones de los indígenas. Otro de sus libros importantes es "Historia General del Perú", considerado el segundo volumen de "Comentarios" y que fue publicado después de la muerte del escritor.

La tercera fase de la literatura peruana es el periodo poscolonial, en el que predominó el Romanticismo, pero fue rico en obras del Modernismo, el Realismo y el Contemporáneo. Manuel Ricardo Palma Soriano, conocido por el apodo de "El Bibliotecario Mendigo", es el autor más conocido de la etapa romántica. Entre las características de su obra están: el pasado como tradición histórica, el análisis psicológico de los personajes, la ausencia de purismo y la recreación de leyendas y personajes.

Durante el periodo precolonial de la literatura peruana, se perciben tres bases en su formación: la literatura amazónica, la aymara y la quechua. De las tres, la más relevante y desarrollada era el quechua, ya que era la lengua principal del país y a través de ella se registraban las historias y tradiciones de los habitantes. En esa época se producían poemas de carácter religioso, con temas relacionados con los dioses indígenas y el distanciamiento entre los nativos y los españoles.

Durante el periodo colonial de la literatura peruana, se crearon obras con temas relacionados con la conquista del territorio. La lengua española aún no se había difundido y utilizado completamente en el país, por lo que se considera la segunda fase de la literatura quechua. Una de las principales características de las obras de la época era el nacionalismo. Entre sus exponentes se puede mencionar a Gómez Suárez de Figueroa, más conocido como el "príncipe de los escritores del Nuevo Mundo".

Entre las obras divulgadas por Gómez, consideradas como sellos de la literatura peruana, se encuentran los "Comentarios reales de los incas", de 1609, donde se encuentra material diverso como crónicas, leyendas, tradiciones y relaciones de los indígenas. Otro de sus libros importantes es "Historia General del Perú", considerado el segundo volumen de "Comentarios" y que fue publicado después de la muerte del escritor.

La tercera fase de la literatura peruana es el periodo poscolonial, en el que predominó el Romanticismo, pero fue rico en obras del Modernismo, el Realismo y el Contemporáneo. Manuel Ricardo Palma Soriano, conocido por el apodo de "El Bibliotecario Mendigo", es el autor más conocido de la etapa romántica. Entre las características de su obra están: el pasado como tradición histórica, el análisis psicológico de los personajes, la ausencia de purismo y la recreación de leyendas y personajes.

"Tradiciones peruanas" es la obra principal de "El Bibliotecario Mendigo" y fue publicada en 1860. El libro presenta cuentos creados a partir de la sociedad y la vida cotidiana de la época. Ricardo Palma hace uso de recursos como la sátira en sus textos. Otras de sus obras son "Anales de la Inquisición de Lima", "Armonía", "Neologismos y americanismos" y "Cachivaches".

Otros escritores importantes para la literatura peruana son Alfredo Bryce Echenique, Mario Vargas Llosa, Julio Ramón Ribeyro, José Maria Arguedas, Ciro Alegría, César Vallejo, José Carlos Mariátegui y Manuel Scorza.

Amor de niño: Juguete romântico

Luis Benjamín Cisneros

Se llamaba Ricardo. Contaba apenas siete años. Tenía los ojos azules y el rostro pálido. Sus cabellos negros, crespos y lustrosos flotaban sobre sus sienes y su cuello en hermosos rizos. Era imposible verle sin acariciarle ni oírle hablar sin sonreír y sin amarle.

Su madre, tipo de bondad y de dulzura, le llamaba siempre cuando, al brillar los últimos resplandores de la tarde, correteaba con los niños de la vecindad en el patio de su casa:

-¡Ricardo!

-Mamá, respondía desde lejos una voz límpida y plateada.

Los tristes sones del Ave María se desprendían en ese instante de las torres de la ciudad, y la ciudad enmudecía.

-Ven a rezar la oración.

Y el niño obediente venía con las mejillas sonrosadas, jadeante, con los cabellos desarreglados y el vestido descompuesto a arrodillarse a los pies de la que le llamaba.

Su fisonomía tomaba en ese instante una expresión indescriptible. Olvidado completamente del juego y de sus compañeros, con el rostro, iluminado, con los ojos levantados y fijos en los de su madre, parecía absorto en la oración. Sus labios murmuraban el rezo lentamente como si pensara lo que decía y como si hubiera sentido lo que pensaba.

Ella le tendía la mano. Él la besaba con efusión, aunque precipitadamente, y salía corriendo.

El padre de Ricardo era un rico negociante italiano. Establecido en América hacía muchos años, se había casado en Lima por amor, y aunque se creía dichoso, recordaba siempre el cielo de su patria con pesar y con profunda melancolía.

¡Adorable capricho de la naturaleza! los hermosos ojos del hijo tenían la expresión tierna y dolorosa de ese sentimiento del padre y el azul límpido y sereno del cielo cuyo recuerdo le entristecía.

El chiquillo era una mezcla encantadora de dos tipos: en su cuerpo se revelaban la gracia de contornos, la viveza de ademanes y la negligencia de actitud del tipo limeño; en su rostro se veía la pureza de formas, la dulzura y la radiante mirada del tipo italiano. Entre las cualidades morales de este último podían contarse una pasión loca por la música y la admiración instintiva por todo lo bello.

Su padre se había casado, joven aún, con una de las más distinguidas y afamadas bellezas de su época. Los ardientes amores que habían precedido a su matrimonio habían durado cuatro años. Los obstáculos vencidos, los billetes y los juramentos cambiados al través de las rejas y de los muros de un monasterio hicieron gran ruido en Lima. La pasión había sido borrascosa y romántica.

Diez meses después de casados, la hermosa limeña daba a luz un robusto niño con un rostro tierno, risueño e ideal como el de esos ángeles que Rafael solía pintar en las apoteosis accesorias de sus vírgenes inmortales.

Fruto de un amor romanesco, impetuoso y reconcentrado durante cuatro años de penas y de lágrimas, el corazón de Ricardo estaba preparado para una intensidad de sentimientos, extraños en un niño.

¿Porqué cada vez que Virginia venía a tocar un instante en el piano de la casa, corría Ricardo a colocarse de pie junto a ella? Apoyando su cabeza sobre una mano en el ángulo del piano, los negros y abundantes rizos de su cabellera se desprendían y deslizaban entre sus dedos. Con sus grandes ojos azules clavados en Virginia, el niño la contemplaba tristemente y escuchaba en silencio.

Sus padres y Virginia misma lo observaban y sonreían.

Virginia era hija de un alto funcionario público de Trujillo. Instalado transitoriamente en Lima como senador de su departamento, habitaba los altos de la casa con toda su familia.

Rayando en la aurora de los diez y ocho años, dotada de una cutis blanca como el alabastro, Virginia poseía una belleza suprema al mismo tiempo que dulce y simpática. La regularidad de sus facciones era acabada, y había alrededor de toda su persona como una atmósfera de luz y de armonía. Por la dulzura ingenua de sus sonrisas y por sus frases sentimentales se adivinaban los tesoros escondidos de entusiasmo, de bondad y de ternura que encerraba su corazón.

Cuando la bella joven provinciana acababa de tocar el piano, tomaba entre sus manos las del niño y le contaba con una gracia encantadora una de esas historietas que hacen sufrir, estremecer y llorar a los seres inocentes de la edad de Ricardo. Otras veces eran anécdotas infantiles y chistosas sin otro objeto que el de hacerlo reír para admirar su rostro de ángel en la plenitud de la animación. Ricardo reía con el abandono de la infancia, y Virginia contemplaba, cada vez más extasiada, los dos arcos de perlas diminutas, iguales y centellantes que resaltaban tras de sus labios como engastadas en dos círculos de coral.

La joven besaba al niño en la frente, se levantaba y salía.

Ricardo la acompañaba hasta el corredor, y solo volvía a entrar cuando Virginia había acabado de subir la escalera y desaparecido a sus ojos.

¿Qué pasaba en ese instante en el alma del niño?

¿Os acordáis de vuestra infancia? ¿Habéis sido uno de esos niños tímidos, reconcentrados y contemplativos, o uno de esos chiquillos locos y aturdidos que, al entrar en la vida, parecen poseídos del vértigo de las primeras impresiones?

¿No habéis sentido en vuestros años de inocencia la atracción vaga y misteriosa de la mujer? ¿Niños no habéis amado como niños? ¿No visteis jamás penetrar en casa de vuestros padres una mujer de facciones virginales, de líneas de estatua, vestida de blanco, coronada de rosas, serena, majestuosa y radiante como una visión de los cielos? ¿Impulsados por la curiosidad no fuisteis a tocar sus vestidos con vuestra propia mano como para convenceros de si era una mujer igual a todas las demás? ¿No presentisteis en esos instantes algo de lo que habéis sentido después? ¿No os dijisteis de una manera vaga e indefinida que vuestra mayor felicidad, cuando fuerais hombres, sería la de pasar toda vuestra vida al lado de esa aparición sobrehumana? ¿No balbuceasteis tímidamente este pensamiento al oído de una antigua criada de la casa que sonrió de vuestra confidencia y se burló de vuestra ingenuidad? ¿Su figura no quedó grabada en vuestra mente como una sombra de esos países y campos encantados de que se habla a los niños? ¿No os asaltaba su recuerdo y no la recordabais con ternura? ¿Niños, habéis amado como niños?

La candorosa simpatía de Ricardo por Virginia había comenzado de la manera siguiente.

La familia trujillana estaba invitada una noche por la mujer del negociante para ir al teatro. A la hora señalada la familia bajó en grupo para reunirse a su amigo y entró en el principal.

Ricardo jugaba en el patio. Al ver pasar este grupo de personas cubiertas de bellos adornos y de vestidos ricos y brillantes, se quedó deslumbrado y sorprendido. Por curiosidad y por admiración el niño entró con la familia hasta el dormitorio de su madre.

Virginia se colocó ante el gran espejo de un ropero para arreglarse con más armonía el sencillo collar que adornaba su cuello de Venus. Dos luces, colocadas a los extremos, iluminaban su rostro con plena claridad.

Ricardo se encontraba detrás de ella y se había quedado contemplando en una actitud de éxtasis la imagen de la bella provinciana reflejada en el espejo. Un momento después se acercó a ella y tomando uno de los pliegues de su vestido, sin saber lo que hacía, le dijo con un acento lleno de gracia, de ternura y de humildad infantil:

-¡Qué linda estás, Virginia! ¿A dónde vas?

El tono indefinible con que fueron pronunciadas estas palabras produjo el estallido de una carcajada unánime.

Virginia desprendió su vestido de la mano del niño y le contestó con dulzura:

-Vamos al teatro.

Cuando Ricardo se acostó esa noche, preguntó a la a la criada que le acompañaba qué cosa era el teatro. La pobre criada, que tampoco lo sabía, le habló de un lugar resplandeciente de belleza donde se oía una música celestial.

Impresionada por esta descripción maravillosa y sin forma, el alma de Ricardo comenzó a soñar y a sentir, con ese desvarió absurdo y lúcido de que solo es capaz la imaginación de un niño. Con los ojos fijos en el cielo de su lecho y como si se hubiera hallado lejos del mundo y en las alturas del espacio, Ricardo vio abiertos ante sí firmamentos radiantes e iluminados por prismas de colores; presentándosele todo de una manera confusa y extraña, quedó absorto ante risueñas perspectivas cuyos paisajes cambiaban a cada instante; el niño se encontraba bajo las mismas impresiones que el hombre que, después de un día de borrasca en las soledades del mar contempla, al caer la tarde, los vivos matices, los informes dibujos, y el movimiento majestuoso de las nubes en la bóveda del occidente; misteriosas y divinas armonías llegaban a sus oídos; nubes de armiño, deslizándose lentamente, llevaban sobre sí fantásticos grupos de danza que se destacaban con suaves coloridos en el fondo azul de los cielos; hermosas ninfas, medio cubiertas por arreboles de oro y coronadas de rosas, pasaban cantando y vaciaban en el espacio cestos de flores que al caer se convertían en estrellas.

Esta vaga idealización del teatro no era en realidad más que la idealización del lugar en que Virginia debía encontrarse en ese instante, o mejor dicho; era una apoteosis infantil de su imaginación a la visión divina cuyo recuerdo no podía borrarse de su espíritu.

Ricardo se quedó dormido contemplando la imagen de Virginia reflejada en el espejo del ropero.

El que quería alcanzar algo de Ricardo no tenía más que pronunciar el nombre de Virginia. El niño cesaba de murmurar, reflexionaba un instante y obedecía resignado.

Virginia cayó gravemente enferma.

Los facultativos comenzaban a temer por su vida.

Una noche -era la noche en que el peligro parecía más inminente- los médicos habían recomendado a la enferma la más completa quietud. Virginia se había adormecido. A fin de evitar todo ruido en torno suyo, todas las personas de la familia se habían alejado del dormitorio reuniéndose en la sala.

Eran las doce de la noche. Los padres de Ricardo habían salido a hacer algunas visitas, y antes de recogerse subieron para informarse del estado de Virginia.

Tanto ellos como la familia del senador se dirigieron a la habitación en que la enferma dormía. Al llegar a ella abrieron la puerta suavemente. Una luz cubierta por una pantalla iluminaba la habitación con una tenue claridad.

Al pie de la cama había un sillón en el cual se distinguía como el bulto de una persona.

Era Ricardo que velaba a la enferma, pero que, en lugar de velar, se había quedado dormido recorriendo los grabados de un libro.

Virginia despertó y contó sonriendo lo que había pasado.

El niño había entrado de puntillas. Una vez cerca de la cama, se quedó examinando si la enferma dormía. En seguida llevó la mano a la frente de la joven, y creyéndola completamente aletargada, la besó en la mejilla repetidas veces, y Virginia abrió los ojos. Sintiéndose turbado, él le ofreció cariñosamente de beber y fue a sentarse en el sillón.

Los padres llegaron a alarmarse.

Desde ese día se adoptaron en la casa las medidas más severas para alejar de la idea de Ricardo todo lo que pudiera alimentar ese apasionado sentimiento por Virginia, casto, risible e inocente, pero raro y prematuro en un niño.

Bella, simpática, de una educación esmerada y con un corazón de diez y ocho años, Virginia amaba y era amada.

En los salones de la aristocracia limeña había encontrado un distinguido joven de su provincia que concibió por ella una pasión ardiente. La hija del senador le correspondía con toda la efusión de los primeros amores.

La razón y el sentimiento hacían de los dos jóvenes dos futuros esposos recíprocamente enamorados y felices.

Las cosas no tardaron en arreglarse.

El distinguido provinciano poseía en su país natal algunas propiedades que reclamaban su presencia.

Poco tiempo después se casaron, y el mismo día de su matrimonio Virginia y su marido partieron para Trujillo.

Por una imprudente precaución, tal vez exagerada, tal vez inútil, los padres de Ricardo le habían ocultado todos los preliminares de este acontecimiento.

La noche en que, al volver del colegio, se impuso Ricardo del matrimonio de Virginia, y más que todo, de su súbita desaparición, su llanto fue desesperado y sus gritos de dolor no encontraron consuelo.

Pero sus sufrimientos no fueron ni de una hora ni los de un niño.

Ese llanto se prolongó durante algunos días por accesos frecuentes.

Ricardo se volvió pensativo. Su carácter tomó cierta tendencia a la tristeza, sus movimientos de expansión y de júbilo desaparecieron, y hasta en sus sonrisas se veía una expresión de amargura.

Pocos días después, los síntomas de una enfermedad mortal vinieron a aterrar el corazón de los padres.

Ricardo comenzó a caer al suelo repentinamente y sin sentido.

¡Pobre madre!

Era una dulce mañana del mes de abril.

Yo había salido de Chorrillos a caballo.

La grata frescura de la mañana, el deseo de gozar de la verdura y de la sombra de los árboles, y más que todo, la intención de comprar algunas flores me habían conducido en la dirección de los tranquilos huertos de Surco.

Al llegar al pueblo recordé que un amigo me había dicho que la familia del rico comerciante italiano X... se encontraba allí. Mi primer pensamiento fue el de hacerme indicar la casa en que vivía.

Al entrar en el patio de la casa noté que en el interior reinaba una profunda quietud.

Cuando hube bajado del caballo y me dirigí hacia la puerta de la sala, vi levantarse para recibirme un hombre vestido de luto.

Jamás olvidaré ese instante.

El señor X... se llegó a mí conmovido y con los ojos empañados por las lágrimas. Después de estrecharme la mano en silencio, señaló a su mujer que lloraba en un ángulo del sofá.

El rostro pálido y desencajado de la señora revelaba el dolor y las vigilias recientes.

Todo esfuerzo para luchar con el destino había sido inútil. La muerte lenta y esperada había devorado su presa. Ricardo acababa de ser sepultado esa mañana misma en el cementerio del pueblo.

En las horas de delirio que habían precedido a la agonía, lo mismo que durante toda la enfermedad, el nombre sentido de Virginia había venido repetidas veces a los labios del desdichado niño.

Los médicos declararon que Ricardo había muerto de una hipertrofia al corazón.

La tristeza de ese cuadro y la melancolía de la muerte se apoderaron de mi espíritu. La sensibilidad del hombre sería una palabra vana si las emociones de este género pudieran sufrirse sin que el llanto desbordara involuntariamente.

La madre me contó, con la voz entrecortada por los sollozos, la historia que acabo de relatar.

Yo había oído referir a algunos amigos míos, en el colegio, que a los siete u ocho años habían estado perdidamente enamorados. Diciéndome a mí mismo que querían aparentar sentimientos absurdos, siempre había reído de ellos interiormente.

Pero ante esta relación de una madre que lloraba sobre la fosa apenas cubierta de un hijo, me sentí impresionado.

Yo me pregunté si la naturaleza, que presenta fenómenos de precocidad en todo, no podía presentar el de la precocidad de sentimientos. Hay niños en que se ven milagros de inteligencia prematura: hay hombres precoces para las malas pasiones y para todos los vicios.

¿Por qué ha de hacer una excepción la naturaleza con el sentimiento más tierno, más espontáneo y más santo del corazón humano?

Yo no olvidé mis flores.

Pero en lugar de llevarlas a Chorrillos, fui a regar con ellas la fosa de Ricardo.

Antes de alejarme de ella, me arrodillé y deshojé las últimas rosas blancas que me quedaban en la mano sobre su cruz funeraria.

La ciudad sentimental: Un cuento, un perro y un asalto

Abraham Valdelomar

Yo tengo miedo negro de las cosas;
las cosas en la noche tienen miedo.
Cuando voy por las calles, misteriosas
sombras no puedo atravesar, no puedo!
César A. Rodríguez

A Servando Gutiérrez: bienvenida.

Si yo os digo: anoche me han asaltado, me preguntaréis todos: ¿quién? A ninguno se le ocurrirá esta pregunta: ¿qué cosa? Porque no se concibe que a un hombre que va a media noche por la calle de Guadalupe, taciturno, con anteojos, rumiando una idea nueva y con un cigarrillo agonizante en los carnosos labios desencantados, le asalte una cosa, una idea, un recuerdo, un mal pensamiento. ¿Ha de asaltarte, necesariamente un bandido? No. Yo no temo a los bandidos salteadores de las calles de Lima porque no llevo nunca más dinero que ellos.

Temo a otros salteadores, a los que nos roban el precioso tesoro de las ideas. No conozco sino una diferenciación entre el Bien y el Mal; lo Perfecto y lo Imperfecto. Todo lo que hay en un cuerpo, en un organismo, en una idea o en un sentimiento, de bello, es el Bien; todo lo que hay de imperfecto es el Mal. por eso los más artistas son los más buenos. Los malos odian la Belleza.

El mal es poliforme. ¡Con cuántos trajes, con cuántos rostros, con cuántas cosas se disfraza! Es menester conocer el mal, saber cuáles y cuántas son sus trapacerías y los medios de que dispone, para evitarlo y vencerlo. Siempre el mal se ensaña en lo que más amamos, en lo más íntimo, en lo más bueno. Nuestro ángel tutelar nos ofrece siempre nuevas ideas, como una abuelita cariñosa nos ofrecía de niños un juguete o una fruta madura. Y allí está el mal para quitárnosla.

Yo iba anoche por la calle de Guadalupe. Desde lejos vi la tétrica torrecilla que domina la cárcel; un farol cabeceaba como zamba vieja que rezara el rosario; un policía adormilado saludaba a invisibles personajes, recostado sobre un poste. De pronto vino a mi imaginación un cuento, la idea de un fantástico cuento cuyo protagonista era un encarcelado. Recreábame ya con la idea de llegar a mi casa y ponerlo en las carillas blancas, febrilmente, con esa vehemencia con la cual cogemos un amor nuevo y soñaba, encantado, con poner la última palabra del cuento; releerlo, con esa íntima complacencia con que, después del beso, contemplamos el rostro de la mujer que nos lo ha recibido. Mas he aquí que, pasando ya por la puerta de la cárcel, y cuando trataba yo de fijar la esencia del cuadro y aprisionar los valores sugerentes, fundamentales, de mi sensación, siento que unas como patitas finas van tras de mí. Vuelvo la cara y veo un perrillo. No un perrillo negro de ojos encendidos como es menester que sean los perrillos en los cuentos fantásticos, sino un vil perro manchado de color, ni sucio ni limpio, ni trágico ni vulgar, un perro así, ordinario, adocenado, burgués, un perro sin trascendencia metafísica y sin sugerencias espirituales. En suma, lo que puede ser un perro que pasa por la calle de Guadalupe a las dos de la mañana...

Por ser tan anodino este can me interesó. No estaba famélico porque no husmeaba ni adulaba; no estaba triste porque no se dolía; no buscaba lecho porque su cola era altiva como un airón. Era un perro subjetivo, un simple especulador de la noche, que iba apaciblemente a su casa. Un perro que, sin duda, pensaba y a quien yo con mis pasos había interrumpido en sus meditaciones, era un perro despreocupado como yo de la vida de relación.

Resolví seguirle. El perrillo pareció darse cuenta de mi propósito y apuró el paso. Volvía de vez en cuando su cabecita pequeña como un puño y que, por la forma, me parecía un corazón humano, aunque por la color blanquizca y manchada dijérase un pepino. Y seguía caminando: tac tac tac tac tac tac... Llegamos sujeto y perro a la plazoleta donde rodeados de jardines hay dos observatorios trascendentales y que yo motejo:"la plazuela del misterio" porque en uno de ellos se observa con telescopio el estrellado cielo y en el otro, con microscopio, el mundo celular. El perrillo llegó hasta el jardín sin rejas y empezó a embromarme. Indudablemente, decía yo, sugestionado por la hora, este perrillo tiene una cita y se obstina en que yo no me entere. Quería desorientarme. Ora se alejaba como insinuándome igual procedimiento. Ora hacíase el dormido como invitándome al sueño. Valíase de todos los métodos de que dispone un perro a las dos y media de la mañana para deshacerse de un transeúnte importuno, que no son los mismos medios de que se vale un transeúnte para deshacerse de un perro que, a la misma hora, le importuna. Los del perro son más asiáticos, más finos, más cortesanos y protocolares métodos.

En este punto mi narración flaquea y he de valerme de otros métodos expresivos porque la historia se complica. Recurriré a un método más breve:

2 y 30 de la mañana

El perro se oculta en un macizo decorativo del pequeño parque y ladra en la sombra. Por la esquina del

Observatorio cae algo como una piedra. En el cielo la Cruz del Sur, radiante, se acerca a las copas de los árboles de la Alameda Grau.

2 y 35 de la mañana

El perro no sale. Hay un silencio tan grande que siento el ruido lejano de las estrellas que giran. Ensayo un método para que el perro surja. Si yo logro dar con su nombre (como el perro sabe que lo ignoro) se desconcertará al sentirse llamar. Tal me ocurriría si en este momento el perro me dijera entre la sombra. *¡Abrahaaaaaam!*

2 y 43 de la mañana

El método de llamar al perro por su nombre es de gran eficacia. Pero ¿cómo se llamará este perro? Un perro flaco... no; flaco tampoco, metido en carnes, de color manchado, ni harto ni hambriento... "¡Capitán!" ¿Se llamará "Capitán"? Nosotros teníamos en Pisco un perro que se llamaba "Capitán". No. En estos tiempos de pangermanismo nadie le da a su perro el grado de "capitán". ¿Se llamará "Mariscal"? Lo más natural es que un perro se llame "Pipón". Pero este es perro, por su catadura, de casa de vecindad. Un perro de casa de vecindad no puede llamarse "Pipón". Si le dijera "Capulí"... ¿"Capulí"? ¿Y si se llamara "Napoleón"? También pudiera llamarse "Tonguito" o "Leonel". "Leonel" es un bonito nombre. Parece un seudónimo de joven decente que escribiera mal... Si fuera un perro de señorita inglesa podría ensayar la palabra "Thim" o "Baby", pero el subfijo "my" es indispensable y este perro no puede tener subfijo...

¡El perro no sale! ¿Se ha marchado? ¡Boby! ¡Thim! ¡Napoleón! ¡Capitán! ¡Tonguito! ¡Mariscal!

3 y 7 de la mañana

¡Guau! ¡Guau! ¡Guau!

3 y 12 de la mañana

La cruz del sur inclinada sobre los árboles de la alameda Grau, semeja una cruz en la portada de un cementerio abandonado.

3 y 15 de la mañana

—¿Qué hace usted aquí?
—Lo que me da la gana!
—Es que es prohibido...
—¿Es prohibido estar en una plazuela?
—Sí. Porque viene la patrulla...
—¡Qué tengo que ver yo con la patrulla! ¡Boby! ¡Napoleón! ¡Capitán!
—¿Quiénes son ésos?
—Un perro. Mi perro...
—Esos son varios perros.
—No, señor. Es un solo perro...
—Un solo perro y llamas a tres?...
—¿Qué es eso de llamas? ¿Usted sabe con quién habla?
—Sí. Con un ciudadano vago.
—¡Cachaco!
—Bueno. Vamos a la comisaría!
—¡Oh! ¡Vaya usted al demonio!

—Blanquito insolente!
—¿Blanquito yo? ¡Jajajá!...
—Da gracias que ya el mayor se fue a acostar!
—Me río en el mayor!...

4 menos un cuarto de la mañana

¡Mula! ¡Mula! ¡Putupum! ¡Pum! ¡Putupum! ¡Qué fastidio! La carreta de los muertos...

5 y 5 de la mañana

¿Dónde demonios he metido la llave?...

Y así fue como perdí el argumento de uno de mis cuentos más bellos. Anoche el Mal se había disfrazado de perro y el perro me robó mis ideas. Sin embargo cuando yo os dije anoche me han asaltado, todos me interrogásteis «¿quién?». A nadie se le ocurrió preguntarme “¿qué cosa?”.

Sabiduría

César Vallejo

Fuera cesó de nevar. El cielo aparecía negro y bajo. El viento también dejó de soplar fieramente, y la atmósfera estaba inmóvil y muy enrarecida. Por las sierras del norte se veía el horizonte delineado con una claridad apacible y celeste, como si fuese de día; mas la aurora aún no despuntaba, y la obscuridad graznaba a grandes alas negras en la cordillera.

La señora se levantó y llegóse con sumo tiento a la cama del enfermo, enjugándose las lágrimas con un canto de su blusa de negro percal. Benites continuaba tranquilo.

-¡Dios es muy grande!- exclamó ella enternecida y en voz apenas perceptible. -¡Ay Divino Corazón de Jesús! -añadió levantando los ojos a la efigie y juntando las manos, henchida de inefable frenesí-. ¡Tú lo puedes todo, Señor! ¡Vela por tu criatura! ¡Ampárale y no le abandones! ¡Por tu santísima llaga, Padre mío! ¡Protégenos en este valle de lágrimas!

No pudo contenerse y se puso a llorar en silencio, de pie junto a la cabecera del enfermo, el que, con la espalda vuelta a la luz y la cabeza echada hacia atrás, inmóvil, reposaba profundamente. Lloró enardecida por las fuertes conmociones de la noche, y al fin dio algunos pasos y fue a sentarse en un banco, rendida de cansancio y de pesar. Ahí se quedó adormecida por el abatimiento y el insomnio, cosas excesivas para su avanzada edad y su naturaleza achacosa.

Despertó de súbito, sobresaltada. La bujía estaba para acabarse y se había chorreado de una manera extraña, practicando un portillo hondo y ancho, por el que corría la esperma derretida, yendo a amontonarse y enfriarse en un solo punto de la palmatoria, en forma de un puño cerrado, con el índice alzado hacia la llama.

Acomodó la bujía la señora, y, como notase que el paciente no había cambiado de postura y que, antes bien, seguía durmiendo, se inclinó a verle el rostro por el lado de la sombra, donde estaba. «Duerme el pobrecito», se dijo, y resolvió no despertarle.

Benites, en medio de las visiones de la fiebre, había mirado a menudo el cuadro del Corazón de Jesús que estaba al alcance de sus ojos, pendiente en su cabecera. La divina imagen se mezclaba a las imágenes del delirio, envuelta en un arrebol blanco y estático, semejante a un nevado: era la cal del muro donde se diseñaba en la realidad. Las alucinaciones se relacionaban con lo que más preocupaba a Benites en el mundo tangible, tales como el desempeño de su puesto en las minas, su negocio en sociedad con Marino y el deseo de un capital suficiente para ir en seguida a Lima a terminar lo más pronto posible sus estudios de ingeniero. Vio que Marino se quedaba con su dinero y todavía le amenazaba pegarle, ayudado por todos los pobladores de Quivilca. Benites protestaba enérgicamente, pero tenía que batirse en retirada, en razón del inmenso número de sus atacantes; caía en la fuga por escarpadas rocas, y al doblar de golpe un recodo del terreno fragoroso, se daba con otra parte de sus enemigos y el pánico le hacía dar un salto. Entonces el Corazón de Jesús entraba en el conflicto, y espantaba con su sola presencia a los agresores y ladrones, para luego desaparecer instantáneamente, como un relámpago, y dejarle desamparado en el preciso momento en que el gerente de la "Mining Societed" se paseaba colérico en el escritorio del Cuzco y le decía: "Puede usted irse. La empresa le cancela el nombramiento en atención a su mala conducta. Es mi última decisión". Benites le rogaba cruzando las manos lastimeramente. El gerente ordenó a dos criados que le sacasen de la oficina. Venían dos indios sonriendo, como si escarneciesen su desgracia, le cogían por los brazos, le arrebataban y le propinaban un empellón brutal. Pero el Corazón de Jesús acudía con tal oportunidad que todo volvía a quedar arreglado en su favor. El Señor se esfumaba después como en un vértigo.

En una de aquellas intercesiones milagrosas, Jesús se irguió en el fondo de un infinito espacio azul, rodeado siempre de un gran arco albar. Su sagrado corazón palpitaba con ritmo manso y melodioso y casi imperceptible, dejándose ver en toda su incorpórea celulación divina, a través de sus vestiduras. El Señor miraba ahora en torno suyo con aquella tristeza pensativa con que, en las bellas granjas egipcias, siendo niño, contemplaba a José trabajar humildemente hasta la caída del sol, en su carpintería solitaria de cedros y sándalos de oriente. Su mirada era triste y pensativa, y en ella viajaba, en un reflujo eterno e incurable, la visión del patriarca ganando el pan de cada día. Al menos a Benites le daba esta impresión, aunque de una manera nebulosa y muy extraña, pues no podía poner los ojos en el Señor, que sólo estaba presente en tácita revelación, sin ser visto, oído ni tocado. Su figura llenaba de una gracia ideal y de un sentido esencial la copa del tiempo y la copa del alma.

De repente advirtió Benites que delante del Señor pasaban de una en una, en un desfile intermitente, algunas personas que él no podía reconocer. Entonces le poseyó un pavor repentino, al darse cuenta sólo en ese instante, que asistía a las últimas sanciones. Pasada la primera impresión, y recuperado un tanto el dominio de sí mismo, angustiado y confuso todavía, se dio a recapacitar y a hacer un examen de conciencia que le permitiera entrever cuál sería el lugar de su eterno destino. Pero no tenía tranquilidad para ello. Ni siquiera podía coordinar sus ideas acerca del trance en que se hallaba, mucho menos acerca de su vida y conducta en el mundo terrenal, del cual apenas guardaba ahora un sentimiento obscuro e impreciso. Intentó de nuevo recordar su vida y sus buenas y malas acciones de la tierra, consiguiendo al fin obtener algunos perfiles. Los primeros en acudir fueron unos recuerdos risueños, a cuya presencia experimentó un poco de esperanza y de ánimo: eran sus buenos actos. Recogió tales recuerdos y los colocó en lugar preferente y visible de su pensamiento, por riguroso orden de importancia; abajo, los relativos a procederes de bondad más o menos discutible o insignificante, y arriba, a la mano, sobre todos, los relativos a los grandes rasgos de virtud, cuyo mérito se denunciaba a la distancia, sin dejar duda de su autenticidad y trascendencia. Luego pidió a su memoria los recuerdos amargos, y su memoria no le dio ninguno. «¿Es posible?», pensaba Benites vacilante. Sí. Ni un solo recuerdo roedor. A veces se insinuaba alguno, tímido y borroso, que bien examinado a la luz de la razón, acababa por desvanecerse en las neutras comisuras de la clasificación de valores, o que, mejor sopesado todavía, llegaba a despojarse del todo de su tinte culpable, reemplazando éste, no ya sólo por otro indefinible, sino por el tinte contrario: tal recuerdo resultaba en el fondo ser el de una acción meritoria que Benites entonces reconocía con verdadera fruición paternal. Felizmente Benites era inteligente y había cultivado con esmero su facultad dircursiva y crítica, con la cual podía ahora profundizar bien las cosas y darles su sentido verdadero y exacto.

De pronto sintió que se acercaba a Jesús, sin haberse dado cuenta, y lo que es más, sin avanzar, a su entender, paso alguno en tal propósito. Harto animado por el resultado de su examen de conciencia, poco se conturbó ante la inminencia de la hora tremenda que llegaba. Lanzó una mirada en busca del Señor, a quien no veía y apenas presentía, llenando de su tácita presencia el infinito espacio azul. La divina figura de Jesús permanecía invisible siempre a los ojos, y Benites la creía solamente soñar, sin poder estar seguro de haberla visto ahí alguna vez. Pero un sentimiento extraordinario de algo jamás registrado en su sensibilidad y que le nacía del fondo mismo de su ser, le anunció que se hallaba en presencia del Señor. Tuvo entonces tal cantidad de luz en su pensamiento, que lo poseyó la visión entera de cuanto fue y será, la conciencia integral del tiempo y del espacio, la imagen plena y una de las cosas, el sentido eterno y esencial de las lindes. Un chispazo de sabiduría le envolvió, dándole, servida en una sola plana, la noción sentimental y sensitiva, abstracta y terráquea, nocturna y solar, par e impar, fraccionaria y sintética, de su rol permanente, en los destinos de Dios. Y fue entonces que nada pudo hacer, pensar, querer ni sentir por sí mismo ni en sí mismo; su personalidad, como yo de egoísmo, no pudo sustraerse al corte cordial de sus flancos. En su ser se había posado una nota orquestal del infinito, a causa del paso de Jesús y su divino oriflama por la antena mayor de su corazón. Luego volvió en sí, y al sentirse apartar de delante del Señor, condenado a errar al acaso, como número disperso, zafado de la armonía universal, por una gris e incierta inmensidad, sin alba ni poniente, un dolor indescriptible y nunca experimentado en su vida, le colmó el alma hasta la boca, ahogándole, como si mascase amargos vellones de tinieblas, sin poderlas ni siquiera pasar. Su tormento interior, la funesta desventura de su espíritu no era a causa del perdido paraíso, sino a causa de la expresión de tristeza infinita y humanamente mortal que vio o sintió dibujarse en la divina faz del Nazareno, al llegar ante sus plantas. ¡Oh qué mortal tristeza la suya, que de ser comparada a su goce en presencia de los niños, habría tirado de golpe la balanza, hacia el lado sin lado y sin platillo! ¡Oh qué humana tristeza la suya, cual la que vigiló, a la luz de una víspera fatal, en un yermo olivar de Galilea, su oración muda y desolada, cuando goteó en el puro suelo su secreción de sangre augusta, al compás de estas cárdenas palabras: "¡Padre, aparta de mí este cáliz"! ¡Oh qué infinita tristeza la suya, y cómo no la pudo contener ni el vaso de dos bocas del Enigma! Por ella sufría Benites un dolor desmedido y sin orillas.

-¡Señor! -murmuró suplicante y bañado en llanto-, al menos que no sea tanta tu tristeza. Al menos, que un poco de ella pase a mi corazón. ¡Al menos, que las piedrecillas vengan a ayudarme a reflejar tu tristeza!

El silencio volvió a imperar en la gran extensión incierta.

-¡Señor! ¡Apaga la lámpara de tu tristeza, que me falta corazón para reflejarla! ¿Qué he hecho de mi sangre? ¿Dónde esta mi sangre? ¡Ay señor! ¡Tú me la diste, y he aquí que yo, sin saber cómo, la dejé empozada en los rincones de la vida, avaro de ella y pobre de ella!

Benites lloró hasta la muerte.

-¡Señor! Pero tú sabes de esa sangre, ni blanca ni negra, roja como los crepúsculos y las incertidumbres, y líquida y sin forma, obligada a tomar la forma del lugar que la cobija. Y tú sabes de los lugares de la tierra, con sus recodos agudos hasta casi confundir la entrada y la salida en un solo pasaje sin sentido, y con sus curvas tan cerradas y pequeñas que se las tomaría por simples puntos ciegos. ¡Ay señor! ¡Tú me diste la sangre, y yo fui para ella la curva ciega e inhóspita y el recodo sin entrada ni salida!

Se oía callar al silencio por el lado de la nada.

-¡Señor! Yo fui el recodo sin entrada ni salida y la curva ciega e inhóspita en la vida. ¡Cuando pude ser la tersura, el amor y la luz! ¡Cuando pude detenerme en la inocencia, a despecho del tiempo y del espacio! ¡Cuando puede cercenar las cosas por la mitad, tomarme sólo las caras y volver a sacar de los sellos otras caras y otras más hasta la muerte! ¡Cuando pude borrar de una sola locura los puentes y los istmos, los canales y los estrechos, a ver si así mi alma se quedaba quieta y contenta, tranquila y satisfecha de su isla, de su lago, de su ritmo! ¡Cuando pude matar el matiz, y, convertido en zapador de lo probable, apostarme ante todos los tabiques, a blandir a dos manos el número 1, aunque cayese el golpe sobre la propia sombra de tal arma!

Benites lloraba un llanto lejano.

-¡Señor! Yo fui el pecador y tu pobre oveja descarriada. ¡Cuando estuvo en mis manos ser el Adán sin tiempo, sin mediodía, sin tarde, sin noche, sin segundo día! ¡Cuando estuvo en mis manos embridar y sujetar los rumores edénicos para toda eternidad y salvar lo Cambiante en lo Absoluto! ¡Cuando estuvo en mis manos realizar mis fronteras garra a garra, pico a pico: guija a guija, manzana a manzana! ¡Cuando estuvo en mis manos desgajar los senderos a lo largo y al través, por filamentos, a ver si así salía yo al encuentro de la Verdad!

Una pausa descalza siguió a estas palabras.

-¡Señor! ¡Yo fui el delincuente y tu ingrato gusano sin perdón! ¡Cuando pude no haber nacido siquiera! ¡Cuando pude, al menos, eternizarme en los capullos y en las vísperas y en las madrugadas! ¡Felices los capullos, por que ellos son las joyas natas de los paraísos, aunque haya en sus selladas entrañas una flor de pecado en marcha! ¡Felices las vísperas, porque ellas no han llegado todavía y no han de llegar jamás a la hora de los días definibles! ¡Felices las madrugadas, porque nadie puede tocarlas ni decir nada de ellas, aunque encoven soles maléficos! ¡Yo pude ser solamente el óvulo, la nebulosa, el ritmo latente e inmanente, Dios!

Estalló Benites en un grito de desolación y desesperanza sin límites, que luego de apagado, dejó al silencio mundo para siempre.

-¡Señor! ¡Pero mi vida ha sido triste y tormentosa! ¡Tú lo sabes! ¡Si tropezaba y golpeaba a un guijarro, éste se ponía a llorar, diciendo que él tenía la culpa! ¡Si llamaba a una puerta para ayudar a padecer, se me hacía pasar a un festín! ¿Qué he podido, pues, hacer, Señor?

Jesús respondió con estas únicas palabras:

-¡Ajustarte al sentido de la tierra!

Un viaje

Felipe Pardo y Aliaga

"Mi partida es forzosa: que bien sabes
que si pudiera yo no me partiera"
Lope de Vega

El niño Goyito está de viaje. El niño Goyito va a cumplir cincuenta y dos años; pero cuando salió del vientre de su madre le llamaron niño Goyito; y niño Goyito le llaman hoy, y niño Goyito le llamarán treinta años más, porque hay muchas gentes que van al panteón como salieron del vientre de su madre.

Este niño Goyito, que en cualquier otra parte sería un don Gregorión de buen tamaño, ha estado recibiendo por tres años enteros cartas de Chile en que le avisan que es forzoso que se transporte a aquel país a arreglar ciertos negocios interesantísimos de familia que han quedado embrollados con la muerte súbita de un deudo. Los tres años los consumió la discreción gregoriana en considerar cómo se contestarían estas cartas y cómo se efectuaría este viaje. El buen hombre no podía decidirse ni a uno ni a otro. Pero el correspoinsal menudeaba sus instancias; y ya fue preciso consultarse con el profesor, y con el médico, y con los amigos. Pues, señor, asunto concluido: el niño Goyito se va a Chile.

La noticia corrió por toda la parentela, dio conversación y quehaceres a todos los criados, afanes y devociones a todos los conventos; y convirtió la casa en una Liorna. Busca costureras por aquí, sastre por allá, fondista por acullá. Un hacendado de Cañete mandó tejer en Chincha cigarreras. La Madre Transverberación del Espíritu Santo se encargó en un convento de una parte de los dulces; Sor María en Gracia, fabricó en otro su buena porción de ellos; la Madre Salomé tomó a su cargo en el suyo las pastillas; una monjita recoleta mandó de regalo un escapulario; otras, dos estampitas; el Padre Florencio de San Pedro corrió con los sorbetes, y se encargaron a distintos manufactores y comisionados sustancias de gallina, botiquín, vinagre de los cuatro ladrones para el mareo, camisas a centenares y pantalón para los días fríos, chaqueta y pantalón para los días templados, chaquetas y pantalones para los días calurosos. En suma, la expedición de Bonaparte a Egipto no tuvo más preparativos.

Seis meses se consumieron en ellos, gracias a la actividad de las niñas (hablo de las hermanitas de Gregorio, la menor de las cuales era su madrina de bautismo), quienes sin embargo del dolor de que se hallaban atravesadas con este viaje, tomaron en un santiamén todas las providencias del caso.

Vamos al buque. Y ¿Quién verá si este buque es bueno o malo? ¡Válgame Dios! ¡Qué conflicto! ¿Se le ocurriá al Inglés don Jorge, que vivie en los altos? Ni pensarlo; las hermanitas dicen que es un bárbaro capaz de embarcarse en un zapato. Un catalán pulpero, que ha navegado de condestable en la Esmeralda, es, por fin, el perito. Le costean caballo, va al Callao, practica su reconocimiento y vuelve diciendo que el barco es bueno; y que don Goyito irá tan seguro como en un navío de la Real Armada. Con esta noticia calma la inquietud.

Despedidas. La calesa trajina por todo Lima ¿Conque se nos va usted? ¿Conque se decide usted a embarcarse? ... ¡Buen valorazo! Don Gregorio se ofrece a la disposición de todos: se le bañan los ojos en lágrimas a cada abrazo. Encarga que le encomienden a Dios. A él le encargan jamones, dulces, lenguas y cobranzas. Y ni a él le encomienda nadie a Dios, ni él se vuelve a acordar de los jamones, de los dulces, de las lenguas ni de las cobranzas.

Llega el día de la partida. ¡Qué bulla! ¡Qué jarana! ¡Qué Babilonia! Baúles en el patio, cajones en el dormitorio, colchones en el zaguán, diluvios de canastos por todas partes. Todo sale, por fin, y todo se embarca, aunque con bastantes trabajos. Marcha don Gregorio, acompañado de una numerosa caterva, a la que pertenecen también, con pendones y cordón de San Francisco de Paula, las amantes hermanitas, que sólo por el buen hermano pudieron hacer el horrendo sacrificio de ir por primera vez al Callao. Las infelices no se quitan el pañuelo de los ojos, y lo mismo le sucede al viajero. Se acerca la hora del embarque, y se agravan los soponcios. ¿Si nos volvemos a ver? ... Por fin, es forzoso partir; el bote aguarda. Va la comitiva al muelle: abrazos generales, sollozos, los amigos separan a los hermanos: "¡Adiós hermanitas mías!" "¡Adiós, Goyito de mi corazón! La alma de mi mamá Chombita te lleve con bien".

Este viaje ha sido un acontecimiento notable en la familia; ha fijado una época de eterna recordación; la constituido una era, con la cristiana, como la de la Hégira, como la de la fundación de Roma, como el Diluvio Universal, como la era de Nabonasar.

Se pregunta en la tertulia: - ¿Cuánto tiempo lleva Fulana de casada? - Aguarde usted. Fulana se casó estando Goyito para ir a Chile... - ¿Cuánto tiempo hace que murió el guardián de tal convento? - Yo le diré a usted; al padre guardián le estaban tocando las agonías al otro día del embarque de Goyito. Me acuerdo todavía que se las recé, estando enferma en cama de resultas del viaje al Callao... - ¿Qué edad tiene aquel jovencito? - Déjeme usted recordar. Nació en el año de ... Mire usted, este cálculo es más seguro, son habas contadas: cuando recibimos la primera carta de Goyito estaba mudando de dientes. Conque, saque usted la cuenta...

Así viajaban nuestros abuelos; así viajarían si se determinasen a viajar, muchos de la generación que acaba, y muchos de la generación actual, que conservan el tipo de los tiempos del Virrey Avilés, y ni aún así viajarían otros, por no viajar de ningún modo.

Pero las revoluciones, hacen del hombre, a fuerza de sacudirlo y pelotearlo, el mueble más liviano y portátil; y los infelices que desde la infancia las han tenido por atmósfera, han sacado de ellas, en medio de mil males, el corto beneficio siquiera de una gran facilidad locomotiva. La salud, o los negocios, o cualesquiera otras circunstancias aconsejan un viaje. A ver los periódicos. Buques para Chile. -Señor consignatario, ¿hay camarote? -Bien- ¿Es velero el bergantín? -Magnífico. -¿Pasaje? -Tanto más cuanto. -Estamos convencidos.

-Chica, acomódame una docena de camisas y un almofrez. Esta ligera apuntación al abogado, esta otra al procurador. Cuenta, no te descuides con la lavandera, porque el sábado me voy. Cuatro letras por la imprenta, diciendo adiós a los amigos. Eh: llegó el sábado. Un abrazo a la mujer, un par de besos a los chicos y agur. Dentro de un par de meses estoy de vuelta. Así me han enseñado a viajar, mal de mi grado, y así me ausento, lectores míos, dentro de muy pocos días.

Este y no otro es el motivo de daros mi segundo número antes que paguen sueldos.

No quisiera emprender este viaje; pero es forzoso. No sabéis bien cuánto me cuesta el suspender con esta ausencia mis dulces coloquios con el público. Quizá no sucederá otro tanto a la mayor parte de vosotros, que corresponderéis a mi amistosa despedida exclamando: ¡Mal rayo te parta, y nunca más vuelvas a incomodarnos la paciencia!

En fin, sea lo que fuere, los enemigos y enemigas descansad de mi insoportable tarabilla; preparad vuestros viajes con toda la calma que queráis; hablad de la ópera como os acomode, idos a Amancaes como y cuando os parezca, bailad zamacueca y taco tendido, a roso y velloso, a troche y moche, a banderas desplegadas; haced cuanta tontería os venga la mente: en suma, aprovechad estos dos meses. Los amigos y amigas tened el presente artículo por visita o tarjeta de despedida, y rogad a Dios me dé viento fresco, capitán amable, buena mesa y pronto regreso.

Los ojos de Lina

Clemente Palma

El teniente Jym de laArmadainglesa era nuestro amigo. Cuando entró en laCompañíaInglesa de Vapores le veíamos cada mes y pasábamos una o dos noches con él en alegre francachela. Jym había pasado gran parte de su juventud en Noruega, y era un insigne bebedor de wisky y de ajenjo; bajo laacciónde estos licores le daba por cantar con voz estentórea lindasbaladasescandinavas, que después nos traducía.

Una tarde fuimos a despedimos de él a su camarote, pues al día siguiente zarpaba el vapor para San Francisco. Jym no podía cantar en su cama a voz en cuello, como tenía costumbre, por razones de disciplina naval, y resolvimos pasar la velada refiriéndonos historias y aventuras de nuestra vida, sazonando las relaciones con sendos sorbos de licor.

Serían las dos de la mañana cuando terminamos los visitantes de Jym nuestras relaciones; sólo Jym faltaba y le exigimos que hiciera la suya. Jym se arrellanó en un sofá; puso en una mesita próxima una pequeña botella de ajenjo y un aparato para destilar agua; encendió un puro y comenzó a hablar del modo siguiente:

No voy a referiros unabaladani una leyenda del Norte, como en otras ocasiones; hoy se trata de una historia verídica, de un episodio de mi vida de novio.

Ya sabéis que, hasta hace dosaños, he vivido en Noruega; por mi madre soy noruego, pero mi padre me hizo súbdito inglés. En Noruega me casé. Mi esposa se llama Axelina o Una, como yo la llamo, y cuando tengáis la ventolera de dar un paseo por Christhianía, id a mi casa, que mi esposa os hará con mucho gusto los honores.

Empezaré por deciros que Una tenía los ojos más extrañamente endiablados del mundo. Ella tenía diez y seisañosy yo estaba loco de amor por ella, pero profesaba a sus ojos el odio más rabioso que puede caber encorazónde hombre. Cuando Una fijaba sus ojos en los míos me desesperaba, me sentía inquieto y con los nervios crispados; me parecía que alguien me vaciaba una caja de alfileres en el cerebro yque seesparcían a lo largo, de mi espina dorsal; un frío doloroso galopaba por mis arterias, y la epidermis seme erizaba, como sucede a la generalidad de las personas al salir de un baño helado, y a muchas al tocar una fruta peluda, o al ver el filo de una navaja, o al rozar con las uñas el terciopelo, o al escuchar el frufrú de la seda o al mirar una gran profundidad. Esa misma sensación experimentaba al mirar los ojos de Lina. He consultado a varios médicos de mi confianza sobre este fenómeno y ninguno me ha dado la explicación; se limitaban a sonreír y a decirme que no me preocupara del asunto, que yo era un histérico, y no sé qué otras majaderías... Y lo peor es que yo adoraba a Lina con exasperación, con locura, a pesar del efecto desastroso que me hacían sus ojos. Y no se limitaban estos efectos a la tensión álgida de mi sistema nervioso; había algo más maravilloso aún, y es que cuando Una tenía alguna preocupación o pasaba por ciertos estados psíquicos y fisiológicos, veía yo pasar por sus pupilas, al mirarme, en la forma vaga de pequeñas sombras fugitivas coronadas por puntitos de luz, las ideas; sí, señores, las ideas. Esas entidades inmateriales e invisibles que tenemos todos o casi todos, pues hay muchos que no tienen ideas en la cabeza, pasaban por las pupilas de Lina con formas inexpresables. He dicho sombras porque es la palabra que más se acerca. Salían por detrás de la esclerótica, cruzaban la pupila y al llegar a la retina destellaban, y entonces sentía yo que en el fondo de mi cerebro respondía una dolorosa vibración de las células, surgiendo a su vez una idea dentro de mí.

Se me ocurría comparar los ojos de Lina al cristal de la claraboya de mi camarote, por el que veía pasar, al anochecer, a los peces azorados con la luz de mi lámpara, chocando sus estrafalarias cabezas contra el macizo cristal, que, por su espesor y convexidad, hacía borrosas y deformes sus siluetas. Cada vez que vela esa parranda de ideas en los ojos de Lina me decía yo: ¡Vaya!: ¡Ya están pasando los peces! Sólo que éstos atravesaban de un modo misterioso la pupila de mi amada y formaban su madriguera en las cavernas oscuras de mi encéfalo.

Pero ¡bah!, soy un desordenado. Os hablo del fenómeno sin haberos descrito los ojos y las bellezas de mi Lina. Lina es morena y pálida: sus cabellos undosos se rizaban en la nuca con tanadorableencanto, que jamás belleza de mujer alguna me sedujo tanto como el dorso del cuello de Lina, al sumergirse en la sedosa negrura de sus cabellos. Los labios deLina, casi siempre entreabiertos, por cierta tirantez infantil del labio superior, eran tan rojos que parecían acostumbrados a comer fresas, a beber sangre o a depositar la de los intensos rubores; probablemente esto último, pues cuando las mejillas de Lina se encendían, palidecían aquéllos. Bajo esos labios había unos dientes diminutos tan blancos, que iluminaban la faz de Lina, cuando un rayo de luz jugaba sobre ellos. Era para mí una delicia ver a Una morder cerezas' de buena gana me hubiera dejado morder por es deliciosa boquita, a no ser por esos ojos endemoniados que habitaban más arriba. ¡Esos ojos! Lina, repito, es morena, de cabellos, cejas y pestañas negras. Si la hubierais visto dormida alguna vez, yo os hubiera preguntado: ¿De qué color creéis que tiene Lina los ojos? A buen seguro que, guiados por el color de su cabellera, de sus cejas y pestañas me habríais respondido: negros. ¡Qué chasco! Pues, no, señor; los ojos de Lina tenían color, es claro, pero ni todos los oculistas del mundo, ni todos los pintores habrían acertado a determinarlo ni a reproducirlo. Los ojos deLina eran de un corte perfecto, rasgados y grandes; debajo de ellos una línea azulada formaba la ojera y parecía como la tenue sombra de sus largas pestañas.

Hasta aquí, como veis, nada hay de raro; éstos eran los ojos de Lina cerrados o entornados; pero una vez abiertos y lucientes las pupilas, allí de mis angustias.

Nadie me quitará de la cabeza que, Mefistófeles tenía su gabinetede trabajodetrás de esas pupilas. Eran ellas de un color que fluctuaba entre todos los de la gama, y sus más complicadas combinaciones. A veces me parecían dos grandes esmeraldas, alumbradas por detrás por luminosos carbunclos. Las fulguraciones verdosas y rojizas que despedían se irisaban poco a poco y pasaban por mil cambiantes, como las burbujas de jabón, luego venía un color indefinible, pero uniforme, a cubrirlos todos, y en medio palpitaba un puntito de luz, de lo más mortificante por los tonos felinos y diabólicos que tomaba. Los hervores de la sangre de Lina, sus tensiones nerviosas, sus irritaciones, sus placeres, los alambicamientos y juegos de su espíritu, se denunciaban por el color que adquiría ese punto de luz misteriosa.

Con la continuidad de tratar a Una llegué a traducir algo los brillores múltiples de sus ojos. Sus sentimentalismos de muchacha romántica eran verdes, susalegrías, violadas, sus celos amarillos, y rojos sus ardores de mujer apasionada. El efecto de estos ojos en mí era desastroso. Tenían sobre mí un imperio horrible, y en verdad yo sentía mi dignidad de varón humillada con esa especie de esclavitud misteriosa, ejercida sobre mi alma por esos ojos que odiaba como a personas. En vano era que tratara de resistir; los ojos de Lina me subyugaban, y sentía que me arrancaban el alma para triturarla y carbonizarla entre dos chispazos de esas miradas de Luzbel. Por último, con el alma ardiente de amor y de ira, tenía yo quebajarla mirada, porque sentía que mi mecanismo nervioso llegaba a torsiones desgarradoras, y que mi cerebro saltaba dentro de mi cabeza, como un abejorro encerrado dentro de un horno. Lina no se daba cuenta del efecto desastroso que me hacían sus ojos.

Todo Christhianía se los elogiaba por hermosos y a nadie causaban la impresión terrible que a mí: sólo yo estaba constituido para ser la víctima de ellos. Yo tenía reacciones de orgullo; a veces pensaba que Lina abusaba del poder que tenía sobre mí, yque secomplacía en humillarme; entonces mi dignidad de varón se sublevaba vengativa reclamando imaginarios fueros, y a mi vez me entretenía en tiranizar a mi novia, exigiéndola sacrificios y mortificándola hasta hacerla llorar. En el fondo había una intención que yo trataba de realizar disimuladamente; sí, en esa valiente sublevación contra la tiranía de esas pupilas estaba embozada mi cobardía: haciendo llorar a Lina la hacía cerrar los ojos, y cerrados los ojos me sentía libre de mi cadena. Pero la pobrecilla ignoraba el arma terrible que tenía contra mí; sencilla y candorosa, la buena muchacha tenía uncorazónde oro y me adoraba y me obedecía. Lo más curioso es que yo, que odiaba sus hermosos ojos, era por ellos que la quería. Aun cuando siempre salía vencido, volvía siempre a luchar contra esas terribles pupilas, con la esperanza de vencer. ¡Cuántas veces las rojas fulguraciones del amor me hicieron el efecto de cien cañonazos disparados contra mis nervios! Por amor propio no quise revelar a Lina mi esclavitud.

Nuestros amores debían tener una solución como la tienen todos: o me casaba con Lina o rompía con ella. Esto último era imposible, luego tenía que casarme con Lina. Lo que me aterraba, de la vida de casado, era la perduración de esos ojos que tenían que alumbrar terriblemente mí vejez. , Cuando se acercaba la época en que debía pedir la mano de Lina a su padre, un rico armador, la obsesión de los ojos de ella me era insoportable. De noche los veía fulgurar como ascuas en la oscuridad de mí alcoba; veía al techo y allí estaban terribles y porfiados; miraba a la pared y estaban incrustados allí; cerraba los ojos y los veía adheridos sobre mis párpados con una tenacidad luminosa tal, que su fulgor iluminaba el tejido de arterias y venillas de la membrana. Al fin, rendido, dormía, y las miradas de Lina llenaban mí sueño de redes que se apretaban y me estrangulaban el alma. ¿Qué hacer? Formé mil planes; pero no sé sí por orgullo, amor, o por una noción del deber muy grabada en mí espíritu, jamás pensé en renunciar a Lina.

El día en que la pedí, Una estuvo contentísima. ¡Oh, cómo brillaban sus ojos y qué endiabladamente! La estreché en mis brazos delirantes de amor, y al besar sus labios sangrientos y tibios tuve que cerrar los ojos casi desvanecido.

- ¡Cierra los ojos, Lina mía, te lo ruego! Lina, sorprendida, los abrió más, y al verme pálido y descompuesto me preguntó asustada, cogiéndome las manos:

-¿Qué tienes, Jym?.. Habla. ¡Dios Santo¡ ...

¿Estás enfermo? Habla.

-No... perdóname; nada tengo, nada ... -le respondí sin mirarla.

-Mientes, algo te pasa...

-Fue un vahído, Lina... Ya pasará. ..

-¿Y por qué querías que cerrara los ojos? No quieres que te mire, bien mío.

No respondí y la miré medroso. ¡Oh!, allí estaban esos ojos terribles, con todos sus insoportables chísporroteos de sorpresa, de amor y de inquietud.

Lina, al notar mí turbado silencio, se alarmó más. Se arrodilló sobre mis rodillas, cogió mí cabeza entre sus manos y me dijo con violencia:

- No, Jym, tú me engañas, algo extraño pasa en ti desde hace algún tiempo: tú has hecho algo malo, pues sólo los que tienen un peso en la conciencia no se atreven a mirar de frente. Yo te conoceré en los ojos, mírame, mírame.

Cerré los ojos y la besé en la frente.

- No me beses, mírame, mírame.

- ¡Oh, por Dios, Lina, déjame! ...

- ¿Y por qué no me miras? -insistió casi llorando.

Yo sentía honda pena de mortificarla y a la vez mucha vergüenza de confesarle mí necedad:

-No te miro, porque tus ojos me asesinan; porque les tengo un miedo cerval, que no me explico, ni puedo reprimir-

Callé, pues, y me fui a mí casa, después que Lina dejó la habitación llorando.

Al día siguiente, cuando volví a verla, me hicieron pasar a su alcoba: Lina había amanecido enferma con angina. Mi novia estaba en cama y la habitación casi a oscuras. ¡Cuánto me alegré de esto último! Me senté junto al lecho, le hablé apasionadamente de mis proyectos para el futuro. En la noche había pensado que lo mejor para que fuéramos felices, era confesar mis ridículos sufrimientos. Quizá podríamos ponemos de acuerdo... Usando anteojos negros... quizá.

Después que le referí mis dolores, Lina se quedó un momento en silencio.

- ¡Bah, que tontería! -fue todo lo que contestó.

Durante veinte días no salió Lina de la cama y había orden del médico de que no me dejaran entrar. El día en que Lina se levantó me mandó llamar. Faltaban pocos días para nuestra boda, y ya había recibido infinidad de regalos de sus amigos y parientes. Me llamó Lina para mostrarme el vestido de azahares, que le habían traído durante su enfermedad, así como los obsequios. La habitación estaba envuelta en una oscura penumbra en la que apenas podía yo ver a Lina; se sentó en un sofá de espaldas a la entornada ventana, y comenzó a mostrarme brazaletes, sortijas, collares, vestidos, una paloma de alabastro, dijes, zarcillos y no sé cuánta preciosidad. Allí estaba el regalo de su padre, el viejo armador: consistía en un pequeño yate de paseo; es decir, no estaba el yate, sino el documento de propiedad; mis regalos también estaban y también el que Lina me hacía, consistente en una cajita de cristal de roca, forrada con terciopelo rojo ..

Lina me alcanzaba sonriente los regalos y yo, con galantería de enamorado, le besaba la mano. Por fin, trémula, me alcanzó la cajita. -Mírala a la luz -me dijo- son piedras preciosas, cuyo brillo conviene apreciar debidamente. Y tiró de una hoja de la ventana.

Abrí la caja y se me erizaron los cabellos de espanto; debí ponerme monstruosamente pálido. Levanté la cabeza horrorizado y vi a Lina que me miraba fijamente con unos ojos negros, vidriosos e inmóviles. Una sonrisa, entre amorosa e irónica, plegaba los labios de mi novia, hechos con zumos de fresas silvestres. Salté desesperado y cogí violentamente a Lina de la mano.

- ¿Qué has hecho, desdichada? -¡ Es mi regalo de boda! -respondió tranquilamente. Lina estaba ciega.

Como huéspedes azorados estaban en las cuencas unos ojos de cristal, y los suyos, los de mi Lina, esos ojos extraños que me habían mortificado tanto, me miraban amenazadores y burlones desde el fondo de la caja roja, con la misma mirada endiablada de siempre...

Cuando terminó Jym, quedamos todos en silencio, profundamente emocionados. En verdad que la historia era terrible. Jym tomó un vaso de ajenjo y se lo bebió de un trago. Luego nos miró con aire melancólico. Mis amigos miraban, pensativos, el uno la claraboya del camarote y el otro la lámpara que se bamboleaba a los balances del buque. De pronto, Jym soltó una carcajada burlona, que cayó como un enorme cascabel en medio de nuestras meditaciones.

- ¡Hombres de Dios! ¿Creéis que haya mujer alguna capaz del sacrificio que os he referido? Si los ojos de una mujer os hacen daño, ¿sabéis cómo lo remediará ella? Pues arrancándoos los vuestros para que no veáis los suyos. No; amigos míos, os he referido una historia inverosímil cuyo autor tengo el honor de presentaras.

Y nos mostró, levantando en alto su botellita de ajenjo, que parecía una solución concentrada de esmeraldas.

Jijuna

José Diez-Canseco

Tambo de La Buena Mano. Llantenes chiquitos festonan los zócalos de paja y barro que emanan úricos miasmas de chicheros. Tambo de La Buena Mano. Damajuanas señoronas de preñados vientres y delgadas botellas empolvadas. Anaqueles medio desnudos, y, entre un marco de madera negra, un buque que naufraga en un mar tempestuoso. Encima de un ventano, el escudo del Perú con banderas flamígeras. Vuela una sombra gigante de mariposas nocturnas. En el tambo se alza un vaho lento de humazos imposibles, y los ojos del propietario –Antonio Lang–, se entreabren cuando alza el vuelo un tanto enérgico y peruano:

–Jijuna...

Alrededor de una vasta mesa florecen ponchos bajo el candil de querosén. La noche se ha derramado, lo mismo que la chicha de Huarmey, por las arenas todavía calientes del sol costeño. Lejos, zumba el mar. Fuera del tambo relinchan caballos próceres. Pero alto, enhiesto, levantisco, camorrista, un zaino se sacude el relente resonando el apero:

–Jijuna...

La voz no tiene una inflexión colérica. Modula cacha zafia y crudelísima. De rato en rato, los gruesos vasos resuenan sobre el tablero de la mesa en brindis mudos. Las candelas de los cigarros agudizan las aristas del bronce cholo de los rostros. El chino Lang destapa la cuarta botella de chicha. Unas moscas rebullen sobre los restos de la cena.

Por aquellos lares andaba don Santos. Era, don Santos, el dueño del zaino pleitista. Zaino de paso llano y anca redonda, para asentar a la que quiera arrunzarse con uno. Resuena el apero del potranco, con tintines de plata. Allí, en la noche, las hebillas de las riendas, los cantos de los estribos, relucen como los ojos húmedos del Cura. Cura, así se llama el potro, por irreverencia de don Santos y porque se lo hurtara al señor párroco de Casma. Y todavía tenía, el muy indino, la insolencia de pasear por la plaza del puerto a lomos del cuerpo del delito. Cholo bandolero de esas tierras, sin más ley que su pistola, sin más amigo que su potro. A él cantaba, en las lentas peregrinaciones de los arenales, las más mimosas coplas querendonas. Para su Cura eran las rudas caricias de sus manos asesinas y sus consejos de baquiano sabihondo porque por las patas del potro salvara muchas veces de tanto gendarme sinvergüenza.

Se lo están contando:

—Jijuna...

Pues, sí, era cierto. Fue después del almuerzo que el sub-prefecto le ofreciera a don Ramón Santisteban, hacendado de muchas tierras de sembrío y pastos. Don Ramón había desenfundado la pistola y roto unas botellas.

—Menos mal q'estaban vacidas...

Y después, contaba el chismoso, don Ramón había prometido:

—¡Cómo quisiera encontrármelo! ¡En la frente le meto su jazmín, mi subprefecto! ¿Ha visto cómo tiro? ¡Y yo no teng'un pelo! ¡Lo adelanto! Palabra, Autoridá...

Era en aquel tambo la charla chismosa. El amigo, compañero de barrabasadas, le confiaba a don Santos estas cosas. ¿Don Santos? Sí, hombre, sí; Santos Rivas, ése del incendio de Molino Grande; ése de la muerte de don Eustaquio Santisteban, el hermano de don Ramón; ese de las quinientas cabezas de ganado de la hacienda de Paso Grande; ése de la mujer del doctor Jiménez, después de la fiesta del 28; ése del tren a Recuay; ése del duelo con don Miguel Páucar y del festejo con tanta y tanta botella de pisco; ése de... ¿quién se va a acordar de todos esos líos?

El mozo escuchaba en silencio. Con el rebozo del poncho se cubría apenas el rostro duro y sólo los ojos sonreían. De rato en rato, pitaba su "amarillo" y modulaba la sonrisa:

–Jijuna...

Cuando Cosme terminó el relato, apenas si sonrió Rivas:

–Ya l'encontraré algún día... Y solitos... En cuantito salga'e viaje, me avisas, ¿quieres?

–Yaqu'ermano...

Y como se hacía tarde se despidieron. El chino retiró las botellas y vasos apuntando el precio. Los hombres se confundieron con la noche. De pronto, una voz seca:

–¿Cura?

El potro respondió en su lengua. Montó don Santos, y ambos amigos, hombre y bruto, se metieron en las sombras.

II

En el parral, un chirote silbaba largo. El viento palomilleaba entre los álamos altos, correteando sobre las vides que desparramaban su verdor más allá de las bardas desiguales. Se mecían los pámpanos como una marejadita de la rada de Huarmey. Estaba alegre la madrugada, pero ya cansaba esta cuesta que Santos Rivas hacía sobre el Cura, acortando la distancia; tres leguas en hora y cuarto... Guapo el Cura para arrancar arriba. Arriba...

Arriba esperaba la china Griselda Santisteban. Y, claro, el Cura apresuraba el paso trepando por el valle hacia el casal de la hacienda donde la china vivía. ¿Estaría fuera? A lo mejor arrancó también para la sierra acompañando al cholo bruto de su padre. Don Ramón no gustaba de estos líos y por ello ofreciera "su jazmín" para don Santos. Ese hombre fue quien tendió a su hermano y ahora le enamoraba a la hija. ¡Barajo y baso q'era sinvergüenza el mozo! Pero mejor estaba así, llevándose a su chinita para la sierra porque él ya estaba viejo.Santos, en cambio, era más joven y por muy trejo que uno juera, el otro tenía más vista y la mano más pronta.

Santos comenzó a silbar con impaciencia. El Cura apresuró el paso hasta llegar a la ranchería de la hacienda que, a esa hora, se alumbraba a querosén.

La ranchería –paredes rojizas, estrellas mugrientas de los faroles en las esquinas, tambos con bullas a la sordina y un eco de guitarra– aparecía medio dormida. Lejos, pero bien lejos, dos quenas cantaban tristezas peruanas. Y el chirote bandido seguía el silbo largo, saltando entre el follaje que apenas susurraba como quitasueños de 28 de julio.

La noche todavía estaba enterita. Ni estrellas ni luna. El río ladraba lejos. Los cerros devolvían los foscos insultos de perros panfletarios. Una lechuza comenzó a despedirse de la noche con el estribillo consabido, y don Santos se santiguó bajo el poncho, por si acaso.

¿Estaría Griselda? ¡Claro que estaba! Allí, en el caserón suntuoso, la lumbre de su cuarto avisaba tranquila su presencia.

–Amos, Cura, amor juerte...

Pasó el portalón tuerto y arrumbó a la casa. Al pie del ventanuco largó un silbo mochuelo. La otra contestó asomada:

–Chino...

–Vine pa'despedirme, vidita... Como te vas pa la sierra...

–Yo, no. Mi'apá que se va pa Huacho...

–¿A Huacho? ¿Cuándo?

–Mañana, en la mañanita...

–Yo también, mi vida... Me llev'una repunta'eganao... Doscientas cabecitas y un torazo grande... ¡Ja, ja! Pa regresar pronto vidita... ¿No bajas?

–No puedo. Mi'apá me pilla si abajo...

–Sonsa...

–Endeveras... Mira que l'otra noche casisito nos pesca... Y v'a a ser un lío si nos encuentra juntos...

Rivas palanganeó una sonrisa:

–¿Endeveras? ¿Lío? ¿Endeveras que tu'apá mi'ase lío?

La china hizo una guaragua de ternura:

–Mira, Santos, con mi'apá no vas a ser guapo, ¿no?..

–Sonsa... ¿Guapo? Con naides soy yo guapo, vidita...

Un instante se retiró la moza del ventano. Murió la luz. El Cura se sintió libre del jinete que fue hasta el portalón. Chirrió el postigo y, destocándose el pajizo, el tarambana se perdió en la sombra casera. Y, hembra y mozo, se dieron los "buenos días" con las húmedas bocas temblorosas.

Parece que el sinvergüenza salió como dos horas después. El Cura se repuso con la gramilla del patio. El cielo se despejó un poco y comenzó el día por encima del Huascarán lejano. Al despedirse acanelaron las voces con criolla sandunga:

–Ta' pronto, Chino...

–Ta' pronto, vidita...

III

¡Cholo fresco! A don Eustaquio Santisteban lo tendió de un tiro cuando la feria de Huayanca, y ahora venía a enamorar a la sobrina, a la hija del hermano. Pero quién sabe por qué encono consigo mismo, Rivas se sentía casi buena persona a la vera de la moza que le alocaba con la ternura de sus ojos rasgados, con el aroma de sus trenzas, con sus manitas adornadas con piochas de plata y turquesas del norte. ¿Cómo fue que fue? ¡Sabe Dios! Acaso las cosas comenzaron por los tonderos bailados una tarde, sin conocerse, después de la procesión del Sábado de Gloria. La chicha hizo el resto, inspirando a Santos Rivas el floreo picante que la otra no rehuyó sino que, muy por el contrario, agradeció con la mejor de sus sonrisas. Y ya por la noche, cuando la guitarra comenzó con los tristes esos:

Papel de seda tuviera
Plumita de oro comprara
Palomitay...

ya la muchacha enrojecía de tal guisa, que la señora Cárdenas atortoló la papada mantecona:

—Pichoncita...

Y pichoncita mansa fue para el gavilán arrogante que puso pavor en todo el valle del Santa, por las tierras lindas de Ancash, con sólo el tino de su pistola y la perspicacia de su ojo infalible. Pichoncita mansa, sí, pichoncita serrana, más dulce que todas las hembras, con ese mimo del arrullo, del abandonado querer que no resiste, de los silencios pequeños que en estas hembras peruanas son la joya más preciada, porque callan y miran. Y allá por los valles, cuando la luna apunta por la cordillera inmensa, cuando la calandria chola comienza el variado trino, ese silencio y esos ojos enloquecen hasta a los limeños mastuerzos. Y el mejor de los dúos –brisa y ave–encuentra vida en las pupilas humildes de las chinas mimosas del Perú.

Lastima no más que tuviera que irse. Porque claro que se iba. ¿No aprovechar el viaje del padre, de ese don Ramón que se había atrevido a ofrecerle jazmines?.. No, se iba tras él, a Huacho, para hacerle ver que tiritos no se meten, así no más, a los hombres. Se iba para decirle que, hombre a hombre, muy gallo tenía que ser el tipo que le pisara el poncho. Cosme también se lo había avisado al regreso:

–Mañana, en la mañanita, don Ramón sale a las tres pa Huacho...

–Gracias hermano, pero ya lo sabía.

–Y tú, ¿te vas?

Rivas no respondió. Encendió un «amarillo» y murmuró apenas:

–Jijuna...

IV

De trecho en trecho, los postes del telégrafo. Recién se les adivina en el medio claror de la madrugada. Las lomaditas ya estaban peladas, con unas cuantas matas de grama que crecen porque sí. Las arenas comenzaban a invadirlo todo, aventadas por los vientos primeros del otoño, y de rato en rato, fulguraba una salina perdida. Igual y rítmico, el cuádruple paso trotón de unos caballos. Las siluetas se perfilaban envueltas en los ponchos, como unas carpitas que los pajizos remataban. Eran don Ramón Santisteban y su paje. Los hombres marchaban en silencio, atisbando la lejanía, porque los encuentros feos son frecuentes en esta tierra.

Andaban. En Huacho tendría que feriar ganado y volverse unos días después con el cinturón bien gordo de billetes. Eso sí, pedirían campaña al cuartel del cuerpo rural, porque setecientas libras no se las pueden alzar así como así. Don Ramón apresuraba el paso. Una vaga desazón, esa cosa indefinible que se siente en los desiertos peruanos cuando se les atraviesa de noche; ese cantar de las paca-pacas que, por muy templado que uno sea, siempre molesta; ese zumbar del viento que no tiene barreras y que se desgarra en los tunales o en los hilos del telégrafo, todo eso fastidia. Y, más todavía, cuando se ha soltado la lengua a propósito de Santos Rivas, la cosa se empeora, porque el tipo ése no entra en vainas. ¡Culpa de la chicha, por los clavos!

Porque él, claro está, no iba a entenderse con ese hombre. El se habría vengado haciéndole pegar cuatro garrotazos por los peones de su hacienda, y el cuerpo habría ido a parar a cualquier acequia que le cubriese de lodo. Después... ¡cualquier cosa! A él, ricachón y con esos peones, ¿quién le iba a decir un cristo? Entonces, ¿por qué habló? Esos tragos demás, caramba, esos tragos...

Iban en silencio. Los pajes saben que siempre que un viajero habla tiene miedo. Por muy baquiano que uno sea, si habla en el desierto, es porque siente que algo se descompone. Algo que no se sabe qué es, pero que se siente. Miedo a esa tremenda soledad, al despeche de la bestia, a quedar desmontado por culpa del maldito calor que raja los cascos de las mulas más bravas, de los potros más recios, si se tiene a mano un poto de aceite.

Las anchas rodajas de las espuelas tintineaban en los estribos de cajón. El pellón sampedrano daba calor ya, y, bajo el poncho, las manos se agarrotaban, una sobre las riendas, otra sobre la cacha fría de la pistola que, poco a poco, iba tomando el calor de esa mano. ¡Qué vaina! ¿Cuántas horas faltarían? Ya aclaraban las tintas de la noche con lindos colores cholos. Morado, rojo, verde, oro purito, como un poncho que tendieran desde la Cordillera Blanca, cuya nieve fulguraba extrañamente. Y de pronto, uno, dos, tres, cuatro cóndores pasaron zumbando su vuelo destemplado. Ya era día. Dentro de una horita se vendría el sol íntegro, y eso consuela. Pero antes que el sol se vino un eco raro:

—¿Qué jué?

—No sé, taita.

¡De fijo que era el bandido! ¿Quién, si no, iba a galopar sobre sus huellas a las cuatro de la mañana? Y él no podía volver la cara —¡eso nunca!— para mirar quién le seguía:

—Mira, a ver...

El paje endureció los ojos bajo el faldón del pajizo. Medio cerró un ojo y sentenció después:

—Don Santitos, patrón...

—¿Por aónde?

—Por cinco hondas, lo muy menos, patrón...

¿Diez cuadras? No importaba. Todavía podía apresurar el paso hasta la Cruz de Yerbateros y eso era ya distinto. Pero el galope proseguía igual, reventando la cincha de la bestia, clavadas de fijo las roncadoras en la panza del bruto:

—¡Qué modo de reventar bestias!.. ¿Y ahora?

—Cuatro hondas, taita...

—¡Ah, barajo y paso! ¡Que venga, sí que venga! ¡Que sepa ese canalla quién es don Ramón Santisteban! ¡Lo adelantaba, por diosito que lo adelantaba!

—¿Y ahora?

—Tres, no más, tres...

El galope se adelgazó un poco. Seguro era un respiro para el caballo. Pero el paso llano apresurado no interrumpía su son igual. Ya no galopaba, pero siempre le iba a alcanzar.

—Pica un poco.

—Mejor corremos, patrón, mejor...

Las dos bestias torcieron los hocicos con las riendas tensas. Ahora, alta ya la mañana, la figura del jinete se hacía nítida. Venía en el Cura, con su clásico poncho amarillo y rojo. El jipijapa tenía alta la falda, delantera por el viento que empujaba para el norte, descubriendo el rostro duro y burlón de don Santitos. El potro levantaba las arenas con el rotundo paso farolero. Venía con la cabeza alta, sacudiendo las crines, cubriendo el pecho de su amo que se inclinaba sobre la cruz evitando el aire.

—¿Y ahora?

—Cerquita, no más...

Don Ramón no titubeó: bajo el poncho desenfundó la pistola y la tiró a la arena. Santos Rivas no atacaba a un hombre desarmado. Pero el mozo, al pasar, advirtió el pavón de la Colt reluciendo de negro sobre la arena de oro. Sin desmontar, apoyado en el estribo, recogió del suelo el arma y de un golpe se puso a la vera del hacendado:

–Mira, pues, don Ramón, se le cayó el canario.

Y con la diestra desnuda, fiera diestra de bandido, alcanzó al señorón el arma inútil. Y con el inmenso desprecio de los guapos, volvió grupas y arrumbó al norte.

Se fue solo, solito, como los trejos, sin volver la cara como cuando pasa una mujer bagre, sin temer un tiro atrasado, ondeando el poncho como una bandera de valentía; no había de castigar en un cobarde la insolencia. Regresó aflojando el paso del Cura, que meneaba la cabeza jugando con las riendas. Allá volvió, hacia el valle de sus hazañas, en donde le esperaba el mismo zandunguero de su china, el respeto de los guapos, la admiración del mujerío. Se fue así, alto y rotundo, sonriendo bajo el rebozo del poncho terciado sobre los hombros fuertes:

–Jijuna...

El Inca ajedrecista

Ricardo Palma

I

Atahualpa

Al doctor Evaristo P. Duclos, insigne ajedrecista

Los moros, que durante siete siglos dominaron España, introdujeron en el país conquistado la afición al juego de ajedrez. Terminada la expulsión de los invasores por la católica reina Isabel, era de presumirse que con ellos desparecerían todos sus hábitos y distracciones ; pero lejos de eso, entre los heroicos capitanes que en Granada aniquilaron el ultimo baluarte del islamismo, habían echado hondas raíces el gusto por el tablero de las sesenta y cuatro casillas o escaques , como en heráldica se le llama al ajedrez.

Pronto dejó de ser el juego favorito de los hombres de guerra, pues cundió entre los feligreses, abades, obispos, cónicos y frailes de campanillas. Así, cuando el descubrimiento y la conquista de América fueron una realidad gloriosa para España, llegó a convertirse en la patente o pasaporte de una cultura social para todo aquel que venía al Nuevo Mundo investido de algún cargo de importancia.

El primer libro que sobre el ajedrez se imprimiera en España apareció en el primer cuarto de siglo posterior a la conquista del Perú, con el titulo *Invención liberal y arte de axedrez, por Ruy Lopez de Segovia, clérigo, vecino de la villa de Zafra*, y se imprimió en Alcalá de Henares en 1561. Ruy Lopez es considerado como fundador de teorías y poco de su aparición se tradujo el opusculo al francés y al italiano.

El librito, que abundó en Lima hasta 1845, poco más o menos, en que aparecieron ejemplares del *Philidor*, y era de obligada consulta allá en los días lejnaísimos de mi pubertad, así como el Cecinarrica para los jugadores de damas, hoy no se encuentra el Lima. Ni por un ojo de la cara se pueden adquirir ejemplares de ninguno de los dos viejísimos textos.

Muchos de los capitanes que acompañaron a Pizarro en la conquista, así como los gobernadores de Vaca de Castro y La Gasca, y los primeros virreyes Nuñez de Vela, marqués de Cañete y el conde de Nieva, distrajeron sus ocios en las peripecias de un partida. No es cosa que llame la atención, entonces, que desde que el primer arzobispo de Lima se convirtiera en el epicentro del juego del ajedrez, tanto así que hasta llegó a comprometer, por no resistirse a tributarle culto, el prestigio de las armas reales. Según Jimenez de la Espada, cuando la Audiencia encomendó a uno de sus oidores y al arzobispo don fray Jerónimo de Loayza la dirección de la campaña contra el caudillo revolucionario Hernandez Girón, la musa popular del campamento realista zahirió la pachorra del hombre de toga y la afición del mitrado al ajedrez con este cantarcillo pobre de rima pero rico en verdades:

El uno jugar y el otro dormir,
¡don qué gentil!
No comer ni apercibir
¡oh qué gentil!
Una ronca y el otro juega...
¡y así va la brega!

Los soldados , entregados a la inercia en el campamento y desatendidos en la provisión de víveres, empezaban ya a desmoralizarse y acaso el éxito habría favorecido a los rebeldes si la Audiencia no hubiera tomado el acuerdo de separar al oidor marmota y al arzobispo *ajedrecista.*

(Nótese que he subrayado la palabra*ajedrecista*, porque el vocablo, por mucho que su uso sea general , no se encuentra en el*Diccionario de la Academia*, como tampoco existe en él el de*ajedrista*,que he leído en un libro del egregio Don Juan Valera).

Se sabe, por tradición, que los capitanes Hernandez de Soto, Juan de Rada, Francisco de Chavez, Blas de Atienza y el tesorero Riquelme se congregaban todas las tardes, en Cajamarca, en el departamento que sirvió de prisión al Inca Atahualpa desde el 15 de Noviembre de 1532, en que efectuó la captura del monarca, hasta la antevíspera de su injustificable sacrificio el 29 de agosto de 1533.

Allí, para los cinco nombrados y tres o cuatro más que no se mencionan en sucintos y curiosos apuntes (que a la vista tuvimos, consignados en rancio manuscrito que existió en la antigua Biblioteca nacional), funcionaban dos tableros, toscamente pintados, sobre la respectiva mesita de madera. Las pieza eran hecha del mismo barro que empleaban los indígenas para la fabricacion de idolillos y demás objetos de alfareria aborigen, que hogaño se extraen de la huacas. Hasta los primeros años de la república no se conocieron en el Perú otras piezas que no fueran las de marfil y que remitían para la venta los comerciantes filipinos.

Una honda preocupación abrumaría el espíritu del Inca en los dos o tres primeros meses de su cautiverio, pues aunque todas las tardes tomaba asiento junto a Hernando de Soto, su amigo y amparador, no daba señales de haberse dado cuenta de la manera como actuaban las pieza ni de los lances y accidentes del juego. Pero una tarde, en las jugadas finales de una partida empañada entre Soto y Riquelme, hizo el ademán Hernando de Soto de movilizar el caballo y el Inca y tocándole ligeramente en el brazo, le dijo en voz baja:

- No capitan, no....¡El castillo! ¡Mueva el castillo!

La sorpresa fue general, Hernando, después de breves segundos de meditación, puso en juego la torre, como le aconsejara Atahualpa, y pocas jugadas después sufría Riquelme el inevitable *mate*.

Después de aquella tarde y cediéndole siempre las pieza blancas, al cabo de un par de meses el discípulo (Atahualpa) era ya digno del maestro y jugababa de igual a igual.

Comentábase también, en los apuntes a que me referido que los otros ajedrecistas españoles, que con excepción de Riquelme invitaron al Inca Atahualpa a jugar; pero este se excusó siempre de aceptar, diciéndoles por medio del interprete Filipillo:

-¡Yo juego muy poquito y vuestra merced juega mucho mejor!

La tradición popular asegura que el Inca no habría sido condenado a muerte si hubiera permanecido ignorante en el ajedrez. Dice el pueblo que Atahualpa pagó con su vida aquel mate que por su consejo de veinticuatro jueces, convocado por Pizarro, se impuso a Atahualpa la pena de muerte por trece votos contra once. Riquelme fue de los trece que suscribieron la sentencia.

II

Manco Inca

A Jesus Elías y Salas

Después del injustificable sacrificio de Atahualpa, se encaminó Don Francisco Pizarro al Cuzco, en 1534. Para propiciarse el afecto de los cuzqueños declaró no venir a quitar a sus caciques sus señoríos y propiedades y que castigado ya en Cajamarca (Atahualpa) , con la muerte , el usurpador asesino del legítimo inca Huáscar, se propondría a entregar la insignia imperial al Inca Manco, un mancebo de dieciocho años , legítimo heredero de su hermano Huáscar. La coronación se efectuó con gran solemnidad, trasladándose luego Pizarro al valle de Jauja, de donde siguió al del Rímac o Pachacamac para hacer la fundación de la capital del futuro virreinato.

No tengo para que historiar los sucesos y causas que motivaron la ruptura de las relaciones entre el Inca y los españoles acaudillados por Juan Pizarro, y a la muerte de éste, por su hermano Hernando. Bástese apuntar que Manco se dio trazas para huir de Cuzco y establecer su gobierno en las altiplanicies.

En la contienda entre pizarristas y almagristas, Manco prestó a los últimos algunos servicios y consumada la ruina y victimación de Almagro el Mozo, doce o quince de los vencidos, entre los que se contaban los capitanes Diego Méndez y Gómez Peréz, hallaron refugio al lado del Inca, que había fijado su corte en Vilcapampa.

Méndez, Pérez y cuatro o cinco más de sus compañeros de infortunio se entretenían en el juego de bolos (bochas) y en el del ajedrez. El Inca se *aespañoló* (verbo de aquel siglo, equivalente a se españolizó) fácilmente, cobrando gran afición y aun destreza en ambos juegos, sobresaliendo como ajedrecista.

Estaba escrito que como al Inca Atahualpa, la afición al ajedrez había de serle fatal al Inca Manco.

Una tarde estaban enfrascados en una partida el Inca Manco y Gómez Pérez, teniendo por mirones a Diego Méndez y a tres caciques Manco hizo una jugada de enroque no consentida por las practicas del juego, y Gómez Pérez le arguyó:

-Es tarde para ese enroque, señor fullero.

No sabemos si el Inca alcanzaría a darse cuenta de la acepción despectiva de la palabreja castellana (fullero) ; pero insistió en defender la que el creía correcta y válida jugada. Gómez Pérez volvió la cara hacia su paisano Diego Méndez, y le dijo:

-¡Mire, capitán, con la que me sale este indio puerco!

Aquí cedo la palabra al cronista anónimo cuyo manuscrito, que alcanza hasta la época del virrey Toledo, figura en el tomo VIII de documentos inéditos del archivo de indias: "El Inca alzó entonces la mano y le dio un bofetón al español. Este metió mano a su daga y le dio dos puñaladas, de las que luego murió. Los indios acudieron a la venganza e hicieron pedazos a dicho matador y a cuanto español en aquella provincia de Vilcapampa estaba, generando una masacre".

Varios cronistas dicen que la querella tuvo lugar en el juego de bolos pero otros afirman que el trágico suceso fue motivado por el desacuerdo en una jugada de ajedrez.

La tradición popular entre los cuzqueños, es la que yo relato, apoyándome también en la autoridad del anónimo escritor del siglo XVI.

Los Autores

Luis Benjamín Cisneros (Lima, 21 de junio de 1837 - Lima, 29 de enero de 1904) fue un poeta, escritor, político y diplomático peruano. Es uno de los máximos representantes del Romanticismo peruano. Cultivó la poesía lírica y la épica, así como el teatro. Como político, fue de tendencia liberal.

Pedro Abraham Valdelomar Pinto (Ica, 27 de abril de 1888-Ayacucho, 3 de noviembre de 1919), también mencionado como el Conde de Lemos, fue un narrador, poeta, periodista, dibujante, ensayista y dramaturgo peruano. Es considerado uno de los principales cuentistas del Perú, junto con Julio Ramón Ribeyro.

César Abraham Vallejo Mendoza (Santiago de Chuco, La Libertad; 16 de marzo de 1892-París, 15 de abril de 1938) fue un poeta y escritor peruano. Es considerado uno de los mayores innovadores de la poesía del siglo XX y el máximo exponente de las letras en su país. Es, en opinión del crítico Thomas Merton, «el más grande poeta católico desde Dante, y por católico entiendo universal» y según Martin Seymour-Smith, «el más grande poeta del siglo XX en todos los idiomas».

Felipe Pardo y Aliaga (Lima, 11 de junio de 1806-Lima, Perú, 25 de diciembre de 1868) fue un poeta satírico, dramaturgo, abogado y político peruano. Perteneciente a la elite aristocrática limeña, fue junto con Manuel Ascencio Segura el representante más importante del costumbrismo en los inicios de la literatura peruana republicana.

José Diez-Canseco Pereyra (Lima, 6 de octubre de 1904 - 4 de marzo de 1949), escritor y periodista peruano. Se le considera precursor del realismo urbano en el Perú.

RICARDO PALMA (Lima, 7 de febrero de 1833-Ib., 6 de octubre de 1919) fue un escritor romántico, costumbrista, tradicionalista, periodista y político peruano, famoso principalmente por sus relatos cortos de ficción histórica reunidos en el libro Tradiciones peruanas.

www.ingramcontent.com/pod-product-compliance
Ingram Content Group UK Ltd.
Pitfield, Milton Keynes, MK11 3LW, UK
UKHW021938190726
13853UKWH00004B/1531